La montaña
de los Wuis

LA MONTAÑA DE LOS WUIS

Rafael Ordaz Pardo
Irina Redal Ordaz

Círculo Rojo
EDITORIAL

Primera edición: octubre 2024

Depósito legal: AL 2639-2024
ISBN: 978-84-1082-768-4

Impresión y encuadernación: Editorial Círculo Rojo

© Del texto: Rafael Ordaz Pardo y Irina Redal Ordaz
© Ilustraciones: Lucía Llorens
© Maquetación y diseño: Equipo de Editorial Círculo Rojo

Editorial Círculo Rojo
www.editorialcirculorojo.com
info@editorialcirculorojo.com

Impreso en España - Printed in Spain

INTRODUCCIÓN

Te voy a contar una historia de un mundo no muy diferente al nuestro. Un mundo mágico donde todo toma vida. Está situado en una montaña y oculto en Vegan: un árbol gigantesco con una entrada en la copa que lleva a un mundo de fantasía. Allí, unas aves llamadas *wuis* tratan de protegerlo de los humanos.

1
WUIS

Voy a comenzar contándote cómo es mundo *wui*. Imagina un mundo lleno de árboles, plantas, ríos y animales que viven en perfecta armonía. Donde los bebés más pequeños y los mayores pasan los días jugando y divirtiéndose. Mundo *wui* está lleno de sorpresas inimaginables: allí los árboles cantan, las olas de los ríos bailan y la comida aparece en los comederos en un abrir y cerrar de ojos; aunque los cocineros búhos no estarían de acuerdo con esto, pues se pasan la noche cocinando.

Un poco más arriba, en la superficie, se encuentra el árbol mágico de los *wuis*. Y allí, sentada sobre una rama, podemos encontrar a nuestra protagonista, una pollita llamada Amarili.

Amarili es bajita, de un color amarillo brillante que llama la atención allá donde va. Incluso si la ves por detrás, la podrías confundir con un limón. Como a todos los pequeños, le gusta jugar. También baila y, de vez en cuando y cuando está sola, canta. Al ser pequeña, todavía está aprendiendo. Es muy curiosa y pregunta por todo aquello que tiene dudas. Ha llegado a estar días enteros preguntándole a su madre multitud de cosas que le llaman la atención.

—Hola, Amarili. ¿Otra vez sentada aquí? Ve a jugar con el resto de las aves y diviértete —le aconseja *wui* Púrpura, que es la reina *wui* y mamá de Amarili.

—Hola, mami. Ya he jugado, pero no quiero estar todo el día jugando, necesito aprender.

—Hija, no te preocupes. Cuando crezcas un poco, te enseñaré todo lo que necesitas saber.

—No me refiero a eso. Quiero aprender para ser una superguerrera *wui*.

La mamá de Amarili suspira agotada, pues ya han tenido esta misma conversación en muchas ocasiones. Amarili quiere ser una superguerrera *wui* para defender el árbol mágico que se encuentra en la cima de la montaña y da entrada a mundo *wui*.

—Ya lo hemos hablado en muchas ocasiones, eres joven. Cuando seas mayor, tendrás la opción de elegir qué quieres ser. Piénsatelo bien, ser superguerrera es muy sacrificado. Tienes que entrenar a diario y estar preparada en todo momento.

—¡Ya estoy preparada! —exclama Amarili, levantándose y clamando al cielo, al tiempo que resbala y su culo da contra la rama—. ¡Qué dolor! —susurra Amarili, frotándose el culo en un intento de calmar la molestia.

La mamá de Amarili y ella se miran y, de un segundo a otro, las dos ríen sin parar. La caída ha hecho ver a Amarili que su mamá está en lo cierto y aún no está preparada.

—Mami, cuéntame la historia de cómo papá y tú me encontrasteis —le pide Amarili.

—De acuerdo, si quieres, te la vuelvo a contar. —Amarili sonríe y mira atenta a su madre—. Un día de verano, papá y yo salimos a dar nuestro vuelo matutino. De normal, solemos revolotear la montaña, pero aquel día soplaba una brisa tan agradable que decidimos seguir la corriente de aire. Así que abrimos nuestras alas y dejamos que el aire nos guiara donde quisiera. Sin un rumbo fijo, llegamos a la peligrosa zona habitada por humanos. Por suerte, aquel día estaba tranquila y apenas se veía a nadie. De repente, pude ver un nido bajar río abajo a gran velocidad.

»—¡Nido! ¡Allí abajo! ¡En el río! —grité a tu padre.

»—Estará vacío. Voy a mirar —dijo papá, que descendió un poco para verlo de cerca—. ¡Oh, no! Veo algo dentro, no distingo qué es, pero se está moviendo.

—Sin pensarlo, papá descendió a toda velocidad. El agua corría de manera salvaje. Las olas iban y venían de forma que hacía imposible poder atrapar el nido. La cascada estaba muy cerca y no quedaba tiempo.

»—¡La cascada! —grité desesperada.

—Y en un último intento, papá se abalanzó sin miedo para intentar atraparte. Justo cuando estaba a medio pico de ti, una ola lo apartó bruscamente y lo dejó sin ninguna opción de poder atraparte.

Amarili, pese a haber escuchado miles de veces la historia, sigue con total atención las explicaciones de su madre.

—¿Y qué pasó? ¿Qué pasó? —pregunta Amarili, ansiosa por escuchar de nuevo cómo llegó a tierra firme sana y salva.

—Que caíste por la cascada... Pero justo antes de llegar abajo, aparecí como por arte de magia, te rescaté y te llevé a la orilla. Y así fue como nació nuestra querida Amarili.

—¡Bien! ¡Estoy salvada! —Amarili salta de alegría.

—Me gusta que la historia te ponga contenta, aunque no llego a comprender tanto entusiasmo, ya sabes el final.

—Vosotros sois búhos y yo una pollita. A mis amigas y amigos les cuesta comprender el motivo y me divierte contarles la historia.

Ambas sonríen. Están contentas.

—Mira, por ahí viene tu padre.

—¿A qué vienen esas risas? —pregunta el rey y padre de Amarili.

—Hola, papi —responde Amarili, con una gran sonrisa.

—Le estoy contando cómo la rescatamos —le explica la reina, provocando una leve sonrisa en su padre.

—Papi, quiero ser una superguerrera *wui*.

—Amarili, ya te he explicado que aún eres joven —le repite su madre.

Dubitativo, su padre baja la vista hacia el suelo. Está pensando qué responder a su hija.

—Se podría valorar tu incorporación —susurra su padre, ante la atenta mirada de Amarili y su madre—. Ya seas joven o mayor, cualquier edad es buena para hacer aquello que te propongas. Si en estos momentos de tu corta vida te apetece ser *wui*, inténtalo. Si no te gusta, y más adelante quieres ser una pollita de vigilancia o una pollita cocinera, inténtalo. Haz lo que te apetezca en el momento que te apetezca; eso sí, pon todo tu empeño y esfuerzo en conseguirlo. Si no te esfuerzas, si no te sacrificas, si no luchas por lo que deseas, nunca lograrás tus objetivos. Desees lo que desees, debes trabajar para conseguirlo. Así pues, queda decidido, empiezas mañana. Cierto es que tu juventud no te permitirá hacer muchas de nuestras técnicas; no obstante, puedes ir de observadora e intentar hacer ejercicios poco a poco.

—¡Sí! —grita Amarili de alegría, al tiempo que su madre mira a su marido de reojo y con cara de pocos amigos.

—Tranquila. No entrará en acción.

Y así es como nuestra buena amiga Amarili se iniciará en el noble arte del kárate.

2
EL GIMNASIO DE LOS WUIS

Llegada la mañana siguiente, Amarili se levanta temprano, se lava la boca y la cara, y bebe la leche que le ha preparado su madre. Por fin va a cumplir uno de sus sueños, formar parte de los entrenamientos de los superguerreros. Para Amarili es un buen día, y así lo refleja su sonrisa.

El sol brilla con energía, los árboles susurran la canción de los buenos días y todo el mundo es feliz en mundo *wui*.

—Dabadín, dabadán, los buenos días te vamos a dar, y con una sonrisa te haremos disfrutar. Dabadín, dabadán, escúchanos cantar, que alegres verás tus pulmones respirar. Dabadín, dabadán, míranos bailar, que contentas verás tus piernas saltar. Dabadín, dabadán, huélenos y verás como una vida larga tendrás.

Acompañada por el canto de los árboles, Amarili va a recoger a su amiga Manchitas: una búha a la cual conoce desde pequeña. Manchitas también es hija de un superguerrero *wui*, concretamente de *wui* Bofetón. Manchitas es blanca con manchitas negras, aún tiene las alas pequeñas, pero seguro que le crecerán tanto como a su padre.

—Hola, Manchitas. ¿Cómo estás? Qué bien que tu padre te haya dejado venir —le dice Amarili.

—Hola, Amarili. Se lo pregunté y me dijo que sí sin pensarlo. Soy feliz —responde con una enorme sonrisa.

Así pues, Amarili y Manchitas parten hacia el *dojo*, que es el gimnasio donde entrenan los *wuis*. Una vez en su destino, observan el suelo de madera al que ellos llaman *tatami*. Boquiabiertas, fijan su mirada en los nueve superguerreros: rey Wui, Alda, Bofetón, Hedwig, Pensativa, Pollito, Patita, Púrpura y Pío Pío.

Wui Patita, al percatarse de la presencia de las pequeñas, se acerca hasta ellas. Al llegar a su posición, junta sus patas e inclina el dorso hacia delante para saludarlas.

—*Ossu* —saluda *wui* Patita.

—*Ossu*. —Al unísono, Amarili y Manchitas repiten el movimiento. Es el saludo de los *wuis*.

—Bien, como es vuestro primer día, os explico rápidamente. Los primeros días veréis entrenar a los mayores; si os gusta, en unos días entrenaréis con los *vers*.

—Perdón, ¿qué son los *vers*? —pregunta Amarili.

—Para ser un *wui* tienes que ser un ave; si no tienes plumas, no puedes ser un *wui*. A las aves normales las llamamos *pas*, a las que están aprendiendo las llamamos *vers* y a las guerreras o guerreros los llamamos *wuis*. Durante un par de días nos veréis entrenar, y si decidís uniros a nosotros, seréis *vers*. —Amarili y Manchitas asienten con la cabeza—. En este tatami entrenamos los *wuis* que iríamos al combate. Tenemos otros veinte tatamis para entrenar, vosotros estaréis con los pequeños. Ahora, sentaos ahí y observar.

Amarili y Manchitas se pasan horas mirando y analizando a los guerreros *wuis*. Quedan maravilladas; de hecho, ni siquiera abren el pico en toda la tarde. Al día siguiente repiten experiencia; saludan a los *wuis* y se sientan en el mismo lugar que el día anterior. No salen de su fascinación al ver la dedicación que ponen en cada técnica, sus movimientos y su velocidad; además, son incansables. Al finalizar la clase, sus padres y *wui* Patita se acercan a ellas para ver qué decisión toman.

—¿Qué os ha parecido? ¿Queréis ser *wuis*? —pregunta *wui* Bofetón.

—¡Sí! —gritan ambas al mismo tiempo.

—Si tan claro lo tenéis, mañana empezáis. Recordad que si no os gusta, siempre estáis a tiempo de dejarlo.

Con una sonrisa entre los picos, Amarili y Manchitas se marchan a casa.

—¿Has visto a *wui* Pollito? Hacía remolinos dando vueltas —dice Amarili, aún asombrada por lo que acaba de presenciar.

—Sí, ha sido increíble. Y tu padre de un picotazo partía las piedras por la mitad —responde Manchitas.

—Al tuyo ya sé por qué lo llaman *wui* Bofetón. Cuando abría las alas, todos huían del pánico, son enormes. ¿A ti te crecerán igual? —pregunta Amarili.

—No lo sé, tengo dudas, aunque mi mamá dice que sí.

Las dos miran las alas de Manchitas y ríen, pues aún son muy pequeñas para compararlas con las de su padre.

Ambas pasan el trayecto hacia su casa conversando y riendo.
Están ansiosas por ver un nuevo amanecer y pasar a ser *vers*.
¿Qué les deparará el futuro a nuestras amigas?

3
NIVEL SUPERADO

El canto de los gallos da el inicio del nuevo día.

—¡Quiquiriquí! El gallo ya está aquí. ¡Quiquiriquí! Despertad, despertad y poneos a cantar. ¡Quiquiriquí! Y saltad y saltad, que la cara hay que lavar. ¡Quiquiriquí! Y reíd y reíd, que os vais a divertir. ¡Quiquiriquí! Y partid y partid, que el día hay que vivir. ¡Quiquiriquí! Os comunico que hoy Amarili y Manchitas se convertirán en las aves más jóvenes en ser *vers*. ¡Quiquiriquí! ¡Quiquiriquí! ¡Quiquiriquí!

Los gallos siguen cantando y cantando hasta despertar a todas las aves de mundo *wui*. Y no muy lejos de donde cantan los gallos, tumbadas y relajadas, se encuentran Amarili y Manchitas disfrutando del amanecer.

—Me gusta el amanecer. Es alegre, y me gustan las cosas alegres —dice Amarili.

—He escuchado que los humanos están siempre de mal humor, por eso destruyen cosas. Si fueran felices como nosotras, no querrían romper nada. Seguro que ellos no tienen sol y no pueden ver el amanecer.

—Sí, tienen sol, lo he visto. Pero están ocupados haciendo cosas poco divertidas. Igual no les gusta divertirse. ¿Crees que si fueran felices no querrían cortar los árboles? —pregunta Amarili.

—Estoy convencida.

Transcurrida la charla sobre los humanos, Amarili y Manchitas parten hacia su primer día como *vers*. Al llegar, el padre de Manchitas, *wui* Bofetón, se acerca hasta ellas para indicarles dónde tienen que ir. Una vez en el tatami, las deja con su maestra, *wui* Patita.

—Vamos a empezar la clase —dice *wui* Patita—. Recordad que os tenéis que colocar por orden de veteranía. Los veteranos delante.

Siguiendo las instrucciones, y como Amarili y Manchitas han sido las últimas en incorporarse a la clase, se sitúan al final.

—Hoy vamos a empezar la clase con los espantapájaros humanos. Que cada uno se sitúe en uno diferente.

Mientras todos se disponen a golpear los espantapájaros, *wui* Patita se acerca a nuestras amigas.

—Los *wuis* somos seres vivos pacíficos, no nos metemos con nadie y nunca utilizamos nuestras capacidades para hacer daño. Este tatami será el único lugar que emplearéis para hacer kárate. Eso sí, si se meten con un *wui*, ahí sí que os podéis defender. ¿Entendido?

—Sí, *wui* Patita —responde Amarili.

—Con esto claro, vamos a seguir. En la vida hay días que las cosas no os saldrán bien, pero nunca debéis desanimaros, tenéis que seguir adelante. Hay que disfrutar de los buenos momentos y sacar la mejor cara en los malos.

Amarili y Manchitas asienten.

—Podéis comenzar a golpear el espantapájaros. Como veréis, están hechos a vuestra medida.

Y de este modo abren sus pequeñas alas y sacuden el espantapájaros hasta no poder más. Debido al esfuerzo, terminan la clase agotadas y al llegar a casa caen rendidas en la cama.

Como se acuestan pronto y descansan bien, con el nuevo día están repletas de energía. Cada día que pasa, entrenan con más ganas y vitalidad; disfrutan con lo que hacen. Mejoran lentamente, pero les da igual. Su meta es ser *wuis* y les da lo mismo el tiempo que tarden en lograr su objetivo. La constancia es su mejor aliada.

—Grano a grano llenaremos el granero —se repiten las dos para animarse.

Pasado un tiempo, y viendo la progresión de ambas, *wui* Patita les comunica que ya están preparadas para ascender de nivel. Para ello tienen que superar tres pruebas. La primera es de velocidad, tienen que ir de punta a punta del tatami en menos de ocho segundos y sin utilizar las alas. La segunda es de habilidad, tienen que sortear unos obstáculos sin tirar ninguno. Y la tercera es de técnica y coordinación, el objetivo es golpear el espantapájaros en las cuatro marcas rojas que ha realizado *wui* Patita. Amarili y Manchitas se implican y superan las tres pruebas, no sin una buena dosis de esfuerzo.

Con el nuevo nivel cambian de maestra. Ahora es el turno de *wui* Pensativa. Como son las últimas en llegar, se vuelven a posicionar al final de la clase. Aunque esto no les importa. Da igual dónde estés situado: si trabajas y te esfuerzas, puedes llegar a ser de los mejores, independientemente de tu lugar en la clase. Amarili y Manchitas han crecido desde que iniciaron las clases; aun así, son pequeñas. El primer día se dan cuenta de que el nivel es alto; sin embargo, eso no las desanima.

—Cuando nacemos, no sabemos nada: ni hablar, ni caminar, nada. Son nuestros padres los que nos enseñan.

»Cuando empezasteis aquí, no sabíais dar patadas ni dar aletadas. Las maestras y los maestros os han enseñado. Nadie nace con las cosas aprendidas, pero también tenéis que poner de vuestra parte. Y para eso hay que estudiar y entrenar diariamente. No se nace siendo un *wui*, se hace. De nada sirve que os enseñe algo si después no entrenáis. Esfuerzo. Esa es la palabra adecuada: esfuerzo.

Después de la charla de *wui* Pensativa, Amarili y Manchitas salen con la moral alta. Han dado con la forma de mejorar y estar al nivel de su nueva clase: el esfuerzo es la clave. Así que deciden quedarse a entrenar un poco más. Con solo una hora diaria consiguen no solo igualar, sino superar el nivel de sus compañeras. Pocas semanas después, *wui* Pensativa les comunica que ya están preparadas para hacer las pruebas y pasar a un nivel superior. Amarili y Manchitas realizan las tres pruebas y pasan al nivel tres. Solo les queda un nivel para ser *wuis*. Ahora su maestra será una flamenca con fama de ser la mejor dando clase, *wui* Alda.

—¡Bien! Lo hemos conseguido —festeja Manchitas al terminar la clase.

—¡Sí! Nivel tres.

Ambas se abrazan, saltan y ríen. Son felices.

¿Qué les deparará el último nivel antes de ser *wuis*?

4
SEÑAL ROJA

Los padres de Amarili y Manchitas ven a sus hijas tan radiantes que deciden sumarse a la fiesta llevándolas a Zampadores, uno de los mejores restaurantes de mundo *wui*. Lugar donde gozan de una comida deliciosa. De primero, les sirven puré de zanahoria y arañas. De segundo, la comida favorita de los *wuis*, hierbas de la zona con gusanos a la plancha. De postre se deleitan con un helado de vainilla con tropezones de hormigas.

—Mirad allí. Es un pavo real —señala Manchitas, provocando que todos se giren.

—Es cierto. Es muy bonito. Nunca había visto uno —dice Amarili—. ¿Podemos verlo de cerca?

—Es extraño ver uno por aquí, pues su casa queda lejos. Viven a las afueras de la montaña —dice el rey Wui.

—Se habrá perdido. Id con él —comenta la mamá de Amarili.

Sin perder un instante, Manchitas y Amarili van en busca del pavo real. Antes de llegar a él, ambas se detienen para no ahuyentarlo y de paso admirar su belleza. Su cola multicolor las deja tan sorprendidas que la observan pasmadas y con el pico medio abierto.

—Hola, pavo real. Somos Amarili y Manchitas. Estábamos comiendo con nuestros padres y te hemos visto un poco desorientado. ¿Te podemos ayudar en algo?

Amarili le habla en masculino porque sabe cuál es su género. El pavo real macho tiene una larga cola multicolor. Al contrario que las hembras, que presentan una coloración marrón.

—Hola, joven pollita. Me llamo Plumitas y estás en lo cierto; me he perdido y desconozco dónde me encuentro. Si fuerais tan amables, ¿les podríais pedir a vuestros padres que me ayuden a volver a casa? Algo me dice que solo voy a ser incapaz de encontrarla.

—Claro. Danos dos minutos.

Sin demora, Amarili y Manchitas van en busca de sus padres para que ayuden a Plumitas a volver a casa. Viendo la ilusión de sus hijas, sus padres deciden que sean ellas mismas las que acompañen al joven pavo. Socorrer a alguien cuando lo necesita es una de las características que diferencia a un *wui* de un ser vivo normal.

—El progreso depende de la capacidad que tengamos de avanzar todos a la vez. Es indiferente su especie o nuestro parentesco, nos estancaremos si no nos ayudamos entre nosotros. Podéis acompañar a Plumitas hasta su casa.

—Así lo haremos —responde Amarili, partiendo con Manchitas y Plumitas.

Al salir de mundo *wui*, el sol brilla con tanta fuerza que las chicharras cantan su canción.

—Sol, sol, sol abrasador. Con tu alegría me muero de calor. Sol, sol, sol abrasador, que con tus rayos sudo un montón. Sol, sol, sol abrasador, con tu calor necesito un ventilador...

De esta manera, las chicharras se pasan el día cantando y cantando sin que nadie las entienda. Y ahora que no nos escuchan, os voy a contar un secreto sobre las chicharras: cantan fatal y tenéis mucha suerte de no entenderlas.

—¿Cómo vas, Plumitas? —pregunta Manchitas al ver que no deja de sudar.

—Entre el calor y lo que desafinan las chicharras, me encuentro fatal. Necesito agua de manera urgente.

—Pasando esos árboles se encuentra un pequeño lago. Una vez en el lago, tu casa queda cerca.

—¡Sí! ¡Reconozco este lugar! —exclama Plumitas, que está tan feliz que abre sus alas y no duda en salir en busca del lago.

—¡Cuidado! —grita Amarili al ver un humano cerca.

Plumitas, emocionado, no escucha la advertencia y sigue su camino.

—Amarili, escondámonos, no podemos hacer nada.

—Cierto.

Amarili y Manchitas se cobijan entre las hierbas. Ambas observan atemorizadas. Nunca han visto a un humano y el resto de los seres vivos cuentan cosas espantosas sobre ellos.

El humano va vestido con un mono verde y un dibujo circular en el pecho, donde se puede ver un hacha cortando un árbol. Los humanos no son malos por naturaleza; sin embargo, gozan de algunas malas costumbres. Una de ellas es arrancar todo aquello que les sale al paso para construir.

Plumitas se frena ante la presencia del humano, pero tiene tanta sed que le ignora y se acerca a la orilla sin miedo. El humano hace un paro y se aproxima con afán de tocarlo. A pasitos cortos y con sigilo, el humano va recortando terreno en busca de Plumitas. Dos metros, un metro, está a punto de llegar y...

—Tengo mucha sed. Déjame beber y después te dejaré tocarme —dice Plumitas dirigiéndose al humano.

El humano no entiende el idioma de Plumitas e intenta tocarlo. Al acercar su mano, Plumitas sale veloz en otra dirección. Pasado un tiempo, Plumitas vuelve en busca del lago. El humano no se da por vencido y va detrás de Plumitas.

—¿Se lo va a comer? —pregunta Manchitas.

—Creo que sí, pero veo a Plumitas tranquilo. No parece tenerle miedo.

—Igual no sabe cómo son los humanos. Le he visto bastante despistado. Tendremos que ayudarle —dice Manchitas.

—¡Huye, Plumitas! —grita Amarili sin pensarlo dos veces.

El humano se gira hacia los arbustos.

—¿Una gallina? —susurra el humano, que, al no ver nada, vuelve la vista hacia Plumitas.

—¡No os preocupéis por mí! ¡A los humanos les gustan nuestras plumas! ¡No me va a hacer nada! ¡Solo quiere cogerme y yo odio que me cojan! ¡En un momento se cansará!

—¡Vale! —El nuevo grito de Amarili llama la atención del humano, que, después de escucharlo por segunda vez, decide ir en busca de los arbustos donde se encuentran Amarili y Manchitas.

—¿Nos ha visto? —susurra Amarili.

—Creo que no, pero viene hacia nosotras —responde Manchitas.

—¿Estamos preparadas para derrotar a un humano?

—No. Padre dice que la pelea más inteligente es no pelear. Quizá sea hora de correr, Plumitas ya sabe llegar a su casa y el humano no le hará daño. Sin embargo, a las gallinas les hacen cosas horribles.

—Cierto, Amarili. Cuando te avise, salimos volando. Con lo grande que es, no será capaz de seguirnos.

El humano tiene la mirada fija en el arbusto. Esta vez no tiene dudas, se acerca con rapidez y va directo hacia ellas. Mientras, Amarili y Manchitas dudan si salir corriendo o esperar. En esta ocasión tendrán difícil huir, han esperado demasiado y el humano está muy cerca de ellas... De repente, sucede algo que nadie espera: suena una canción. Es entonces cuando el humano saca un móvil del bolsillo y contesta.

—Sí, ahora voy. Esperadme.

El humano cuelga y se aleja de ellas como si nada hubiera sucedido.

—Qué mal lo he pasado —dice Manchitas.

—Vamos a ver si Plumitas está bien.

Manchitas y Amarili salen en busca de Plumitas para ver cómo se encuentra.

—¿Estás bien, Plumitas? —pregunta Amarili.

Al escuchar la voz de Amarili, Plumitas deja de beber y se vuelve hacia ellas dispuesta a responder.

—Los humanos quedan maravillados ante nuestro plumaje. Algunos se pasan horas y horas mirándonos. No son una amenaza para nuestra especie. Por eso estaba tranquilo. Solo que no me gusta que me toquen. Y me he fijado en que casi no se lavan las manos y lo tocan todo. —Plumitas gesticula con cara de asco al recordarlo—. Por suerte, ya se ha ido.

Es entonces cuando un extraño sonido renace del aire y la cara de Plumitas cambia por completo. Ahora su rostro sí que refleja miedo.

—¿Qué es ese sonido? ¿De dónde viene? —pregunta Amarili, que observa a su alrededor en busca de su procedencia.

—Es la señal roja. Ese pitido en forma de sonido es la advertencia de que algo grave sucede en mundo *wui*. Debéis volver a vuestra casa inmediatamente.

—Nunca la habíamos escuchado, aunque sí nos habían dicho que, si alguna vez la escuchábamos, volviéramos a casa sin dudarlo. ¿Tú estarás bien? —pregunta Manchitas.

—Tranquilas. Reconozco el lugar, ya sabría llegar a casa sin problemas. Muchas gracias por vuestra ayuda. Si alguna vez necesitáis algo y os puedo ayudar, no dudéis en venir a decírmelo. Ya sabéis dónde vivo.

—Un placer conocerte, Plumitas —responde Amarili.

Nuestras amigas se despiden y corren a gran velocidad en busca de Vegan, el árbol sagrado que da entrada a mundo *wui*. La señal roja no dejará de sonar hasta que la última ave haga acto de presencia.

¿Qué habrá sucedido para activar la señal roja?

5
REUNIÓN

Después de una angustiosa carrera, nuestras amigas llegan sin problemas a Vegan, el árbol sagrado. A su llegada se encuentran una gran cantidad de terrestres rodeando el tronco. Los terrestres son seres vivos que no vuelan, ya sean conejos, ardillas, perezosos o cualquier ser vivo que no tenga la capacidad de volar.

—Tenéis que refugiaros dentro del árbol —les advierte el rey Wui a su llegada.

—¿Qué pasa, papá? —pregunta Amarili, algo inquieta.

—Los humanos han empezado a talar los árboles de la montaña. No podemos permitir que lleguen a Vegan. Hemos organizado una reunión con los terrestres para ver qué hacemos.

—¿Podemos quedarnos?

La pregunta de Amarili deja sin respuesta al rey Wui, quien en estos momentos tiene muchas cosas en la cabeza. Pensativo, duda si dejarles estar presentes.

—Bien, podéis quedaros. Pero no intervengáis, dejad que hablen los mayores.

Amarili y Manchitas asienten con la cabeza. Obedeciendo a su padre, se posicionan a un lado. El árbol sagrado tiene la anchura de cuatro lunas, lo que permite que acuda una cantidad muy numerosa de seres vivos. Con todos presentes, la señal roja deja de sonar y dan un paso al frente el líder de las aves, los terrestres y los acuáticos. El padre de Amarili, el rey Wui, será el encargado de dar voz a las aves. Y el *sheriff* Hipopótamo representará a los terrestres y a los acuáticos.

—Silencio, por favor. —El gallo Madriles cacarea. Su cantar es agudo y de gran alcance, provocando que todos callen al instante.

Han acudido a la reunión un gran número de seres vivos, la expectación es máxima.

—Hola. Lamentamos mucho haber interferido en vuestro día, pero un asunto urgente nos ha obligado a tener que utilizar la señal roja. Como muchos de nosotros nos temíamos, los humanos han decidido talar los árboles de nuestra montaña. —Un murmullo acompaña el comentario del rey Wui—. Sé que muchos de vosotros habéis venido a vivir a la montaña de los Wuis porque nuestra presencia os da seguridad. No os vamos a fallar. En nuestra montaña reinan la armonía y la paz, no vamos a tolerar que los humanos pisoteen nuestros hogares —alza la voz el rey Wui, provocando la ovación de los presentes—. Por desgracia, no es tan fácil actuar como hablar. Las palabras están muy bien, os llenan de optimismo y os dan fuerza, pero la realidad es que os necesitamos a todos para ganar esta batalla. Los humanos avanzan con una veintena de máquinas destructoras; ellos las llaman *taladoras*. Debemos actuar y atacarlos sin piedad. —Las palabras del rey Wui finalizan con un largo y fuerte aplauso.

—Silencio, por favor. —El gallo Madriles cacarea enfurecido, pues odia las ovaciones largas.

—Tranquilo, Madriles —le susurra el rey Wui.

Con gesto serio, el *sheriff* Hipopótamo se dispone a hablar.

—Los terrestres estamos agradecidos por habernos dado cobijo en la montaña. Hemos vivido de vuestra protección durante años, os ayudaremos a defender nuestro hogar. Las dificultades unen a los seres que se quieren.

Todos vitorean al escucharlo.

—Los humanos malos son devastadores y feroces, solo piensan en destruir sin tener en cuenta al resto de los seres vivos. Es como si alguien les hubiera dicho que el planeta es de ellos. Y nosotros estamos aquí por una razón, y no es la de servirles de alimento. —El rey Wui hace una pausa mientras el resto de los seres vivos le aplauden—. Escuchadme, los humanos desconocen los secretos de esta montaña. No saben que la entrada de este árbol conduce a un mundo mágico lleno de felicidad. Ellos odian que los demás sean felices; de saberlo, lo destruirían. Tenemos que impedir que lleguen a Vegan. Para ello hay que destruir sus máquinas y darle un escarmiento al capataz. El capataz es el segundo jefe de ese grupo de humanos, pero no es el jefe que manda. El que manda no sé dónde está.

El rey Wui guarda silencio y cede la palabra al *sheriff* Hipopótamo.

—El rey Wui y yo hemos pensado una estrategia, atacaremos al anochecer; es cuando ellos más cansados están. Hemos llamado a las palomas. No son de esta montaña; no obstante, les encanta cagar en la cabeza de los humanos y eso nos vendrá bien. Todo aquel que se quiera unir puede hacerlo. Nos vemos a las ocho en Villa Ardilla.

Con estas palabras se despiden, hay que prepararse para la lucha. ¿Estarán Amarili y Manchitas en la gran batalla?

6
LA BATALLA

Al instante de terminar el discurso del rey Wui y el *sheriff* Hipopótamo, Amarili y Manchitas se miran al unísono.

—¿Estás pensando lo mismo que yo? —pregunta Amarili.

—Sí. No nos podemos perder la batalla contra los humanos.

Las dos sueltan una sonrisa de complicidad y buscan con la mirada al rey Wui. Diez segundos después, ambas se encuentran a los pies del rey Wui.

—Papá, queremos preguntarte una cosa.

—Sí, podéis venir —responde el rey Wui antes de que le formulen la pregunta.

—Pero... —Amarili se queda con la palabra en la boca pensando que su padre le diría que no.

—¿Queréis luchar? —pregunta el rey Wui.

—¡Sí! —afirma entusiasmada, a la par que Manchitas reacciona bailando de alegría.

—No es bueno que os alegréis por ir a luchar. La mejor batalla es la que puedes ganar con el diálogo. Por desgracia, los humanos solo se comunican entre ellos y no atienden las señales de la naturaleza.

—Tienes razón, padre. Lo sentimos.

—En cuanto a vosotras, no sois adultas, pero casi sois *wuis*; por lo tanto, no soy quién para impediros venir. Id con *wui* Hedwig y os explicará la estrategia.

Amarili y Manchitas se acercan a *wui* Hedwig, un búho de edad avanzada y tan grande que podría tumbar una motocicleta de una aletada. Nuestras amigas se acercan a *wui* Hedwig lentamente, pues su gran tamaño las asusta un poco.

—El rey Wui nos ha dicho que nos expliques la estrategia, por favor —dice Manchitas con la voz temblorosa.

Wui Hedwig se gira y frunce el ceño al verlas.

—Sois las hijas del rey Wui y Bofetón. No es a mí a quien tenéis que temer, acercaos sin ningún temor. El tamaño no implica maldad, no os dejéis influenciar por el tamaño de nadie.

Las palabras de *wui* Hedwig suenan agotadas por los años. Se ve en su voz cierto cansancio. Pero eso no deja que su cara cambie para ofrecerles una sonrisa tras otra mientras les cuenta la estrategia de ataque.

La charla con *wui* Hedwig les da confianza para lo que se avecina y nuestras amigas salen convencidas de la victoria. Antes de ir a la batalla, Manchitas decide ir a casa a hablar con su madre.

—Hola, Manchitas. ¿Qué te ha dicho tu madre?

—Hola, Amarili. No le ha hecho gracia y ha maldecido a los humanos, pero después me ha dado unos gusanos rellenos de chocolate.

Ambas se miran y ríen. Viendo sus caras, no parece que vayan a una batalla, más bien se las ve contentas y felices. Poder combatir al lado de los nueve superguerreros *wuis* les hace tener una sensación de entusiasmo.

Antes de iniciar el ascenso que las llevará a las máquinas destructoras de los humanos, ambas recogen unas piedras que previamente han recolectado los conejos y las ardillas. Su misión es lanzarlas contra los vehículos y las cabezas de los humanos.

Llegadas las ocho de la tarde, todos se encuentran en Villa Ardilla.

—Puede empezar el ataque —dice el rey Wui, subido encima de una piedra gigante.

El ataque terrestre empieza con los seres vivos de mayor fuerza: gacelas, cebras, cabras montesas, hipopótamos, ciervos, llamas, búfalos y bisontes. Al mismo tiempo, las palomas y los *vers* inician el ataque por arriba; justo detrás de ellos llegarán los nueve superguerreros *wui*.

—Parece que los humanos se repliegan al primer ataque terrestre. —Las palabras de Manchitas no son del todo correctas, pues los humanos se repliegan para dar la señal de alarma y armarse con utensilios que los intimiden—. ¡No!, me he equivocado, no se retiran. Diría que son tres o cuatro veces más que nosotros. Encima llevan cascos, nuestras piedras no les harán nada.

—Tranquila, Manchitas. ¡Tirad las piedras sobre las máquinas destructoras! —grita Amarili—. Si no podemos darles a ellos, por lo menos dañaremos las máquinas.

—Mira, Amarili, por allí llega el *sheriff* Hipopótamo. ¿Lleva la boca llena? En serio, ¿se ha parado a comer antes de venir?

A su llegada, y de un salto acrobático, el *sheriff* Hipopótamo sube encima de una máquina destructora, abre su enorme boca y, en forma de proyectiles, empieza a escupir montones de peces por la boca.

—Menuda puntería —señala Amarili entre risas.

—No ha fallado ni uno —responde Manchitas—. Mira, lo ha vuelto a hacer, ¿pero cuántos peces le caben en la boca?

El ataque del *sheriff* Hipopótamo hace retroceder a los humanos.

—Ahora nos toca a nosotras —dice Amarili, que empieza el descenso—. A la de tres soltamos las piedras.

—No te acerques tanto —dice Manchitas viendo que Amarili va delante del resto.

—Está controlado. ¡Una, dos y tres!

Las piedras caen sobre las máquinas destruyendo gran parte de ellas.

—¡Sí! —celebran Amarili y Manchitas, que quedan a la espera del ataque de los guerreros *wuis* sobre los humanos.

El primero en descender es *wui* Pollito, provocando un remolino y haciendo retroceder a los humanos. Asustados y molestos por el aire, cubren sus rostros con sus brazos. Esto facilita el descenso del resto de los guerreros, que atacan sin piedad.

—¡A cubierto! ¡Refugiémonos en las casetas! —grita uno de los humanos, a la vez que *wui* Patita le lanza una ráfaga de pinchos de su cuerpo que impactan en su tremendo culo.

Wui Pío Pío se hace valer de sus enormes garras para lanzar a un humano dentro de un charco y empaparlo de fango. El humano chilla desesperado al tiempo que una caca de paloma cae en su cara. La lucha sigue y *wui* Púrpura y Pensativa se alían para hacer frente a un humano de gran envergadura.

—¡Ayyyy! —El grito del humano se hace sentir bien fuerte, pues *wui* Púrpura le ha metido un palo por el ojete. *Wui* Pensativa lo remata con un picotazo en la frente que le hace caer de culo.

La avalancha de los *wuis* hace efecto de inmediato y obliga a los humanos a huir.

—¡No os retiréis! ¡Luchad! —El alarido del capataz llama la atención del rey Wui, que sin dudar un segundo arremete contra él con todas sus fuerzas. Una sola aletada le es suficiente para que el capataz salga corriendo.

—Oh —susurra Amarili, que ve cómo un humano agrede a *wui* Hedwig, haciéndolo caer al suelo—. ¡PAPI! ¡*WUI* HEDWIG!

El rey Wui busca con la mirada la posición de su buen amigo y ve una imagen que no le gusta. El humano se dirige a rematar a *wui* Hedwig, que tumbado y con la pata rota es incapaz de moverse. El rey Wui es consciente de que está muy lejos para ayudarlo; aun así, no se da por vencido y sale a toda velocidad. El resto de los *wuis* también van en su ayuda, pero están demasiado lejos para que lleguen a tiempo. El destino de nuestro amigo parece llegar a su final. El humano alza el palo, suspira con una sonrisa de satisfacción y lo deja caer con todas sus fuerzas...

—¡Zasca! —Un zarpazo impacta sobre el humano, que cae fulminado al suelo.

—¡Bien, papi! —La celebración de Manchitas se hace patente al ver que ha sido su padre, el gran *wui* Bofetón, el que ha dejado KO al humano.

Rápidamente, el resto acuden en auxilio de *wui* Hedwig y lo retiran para llevarlo a la enfermería. ¿Se pondrá bien después del ataque contra los humanos?

7
RAILA Y LAS GEMAS

A su llegada a Vegan, una sensación de malestar invade a Amarili y Manchitas. Por un lado, se sienten felices porque han destruido las máquinas y los humanos han huido. Por otro lado, sienten tristeza por *wui* Hedwig y todos los heridos. Por sus caras, el rey Wui y *wui* Bofetón perciben su angustia. Es evidente que algo les preocupa y deciden acercarse a preguntarles.

—¿Cómo estáis? —pregunta el rey Wui.

—Bien... —responde Manchitas, que dubitativa mira a Amarili.

—Ese «bien» no ha sonado convincente —dice su padre, *wui* Bofetón.

—Bueno... En realidad, no nos ha gustado la batalla. En un principio nos hemos divertido y estábamos contentas, pero al ver a *wui* Hedwig en el suelo...

Amarili le devuelve la mirada a Manchitas, que sigue la conversación.

—Pues al ver a *wui* Hedwig en el suelo, hemos pensado cómo se siente y lo mal que lo está pasando. No podemos ser felices si nuestro amigo está triste.

—Tranquilas. No os preocupéis. Hemos hablado con la doctora Ana y nos ha dicho que se pondrá bien. —Ambas sonríen al comentario de *wui* Bofetón—. Poneros en el lugar de otro ser vivo es un buen ejercicio para empatizar.

—¿Empatizar? ¿Qué es eso? —pregunta Manchitas.

—La empatía es comprender las emociones y sentimientos de los demás. Al poneros en el lugar de *wui* Hedwig, comprendéis lo mal que lo está pasando y podéis ayudarlo. De esta manera, al saber que se encuentra mal, podéis ir a animarlo y darle fuerzas para que se sienta mejor. Es lo que no tienen los humanos, empatía. Si esto les hubiese pasado a ellos, no estarían pendientes de sus amigos, estarían celebrando la victoria.

Amarili y Manchitas se miran y asienten con la cabeza, dando a entender que lo han comprendido.

—Lo entendemos y nos gusta la palabra —responde Amarili—. Cuando tenga bebitos, los llamaré Empatía, o Empatío si es chico.

Todos ríen al escuchar el comentario.

—Entonces, ¿podemos ir a animar a *wui* Hedwig y a contarle cosas bonitas para que se alegre? —pregunta Manchitas.

—Sí, podéis ir —dice el rey Wui.

El rey Wui y *wui* Bofetón acompañan a sus hijas hasta *wui* Hedwig. A la par que ellas le cuentan cosas alegres, ellos se retiran un poco para hablar acerca de la batalla.

—Mañana los humanos se rearmarán y vendrán con nuevas máquinas —le explica el rey Wui a *wui* Bofetón.

—¿Tienes algo pensado?

—Seguir atacando y esperar a que se cansen. Ya sabemos que las guerras no las gana nadie, pero no podemos hacer otra cosa para salvar la montaña. Además, como descubran mundo *wui*, vendrán científicos, nos encerrarán y nos harán cosas terribles para comprender el árbol.

—¿Y si averiguan lo de las gemas? —pregunta *wui* Bofetón.

—Debemos proteger las diez gemas *wuis*. Si la cosa se complica, las sacaremos de la montaña y las llevaremos a un lugar seguro. —*Wui* Bofetón asiente ante las palabras del rey Wui—. Vamos a hablar con el *sheriff* Hipopótamo para organizar el próximo ataque. Los humanos estarán más preparados y hemos tenido muchos heridos.

—Cierto —responde *wui* Bofetón, que va en busca de Amarili y Manchitas—. Chicas, tenemos que irnos. Enhorabuena por lo de hoy, habéis estado muy bien.

—Gracias. Nosotras nos quedamos con *wui* Hedwig —dice Manchitas.

—No lo alarguéis. Tenéis que descansar y prepararos para mañana. Y *wui* Hedwig tendrá ganas de estar un rato a solas.

—Descuida, papi. Enseguida nos vamos —responde Manchitas.

Con la marcha de sus padres, Amarili y Manchitas se disponen a interrogar a *wui* Hedwig.

—¿Qué son las gemas? —pregunta Amarili.

Wui Hedwig frunce el ceño en una clara señal de estar asombrado por la pregunta. No solo le estaban animando; al mismo tiempo, estaban escuchando la conversación de sus padres.

—Las gemas son un secreto que solo saben los *wuis*. Como vosotras no tardaréis en serlo, supongo que os lo puedo contar. —*Wui* Hedwig hace una pausa antes de empezar a hablar—. ¿Os suena el nombre de *wui* Raila?

—Sí, es la *wui* original. Es la primera *wui* que existió —dice Amarili.

—*Wui* Raila vivía con los humanos. —Amarili y Manchitas ponen cara de sorpresa al escuchar estas palabras—. No os sorprendáis, los humanos tienen cierto apego a algunos seres vivos. Y en este caso, ella tenía el cariño de un humano.

—¿*Wui* Raila era una búha? —pregunta Manchitas.

—Sí, lo era. Vivía en Okinawa y allí es donde aprendió kárate; su humano le enseñó. Fue el mismo humano el que le dio la gema mágica. Una gema que, al ser plantada, le daría un árbol wui y diez gemas.

—¿Vegan es el primer árbol wui? —pregunta Manchitas.

—Correcto. Y al plantar la gema, obtuvo diez gemas.

—Entonces, ¿Vegan es el único mundo *wui*? —dice Amarili, sorprendida.

—A día de hoy, sí. Por eso es tan importante proteger las gemas. De pasarles algo malo, mundo *wui* podría desaparecer para siempre. —Amarili y Manchitas se miran asustadas—.

Tranquilas. No hay nada que temer. Vuestros padres sabrán qué hacer con ellas. Ahora mismo estarán pensando a quién darle las gemas para que las saquen de aquí y no corran peligro.

—¡Claro! —interrumpe Amarili, llamando la atención de Manchitas y *wui* Hedwig.

—¿Qué sucede? —pregunta Manchitas.

—Se me ha ocurrido un plan para derrotar a los humanos sin pelear. Aunque no sé si saldrá bien.

—¿Cuál es tu plan? —El comentario de Amarili llama la atención de *wui* Hedwig.

—Escuchadme...

¿Cuál será el plan de Manchitas?

8
EL FIN

Mientras Amarili y Manchitas traman un plan para evitar una guerra, el resto de los superguerreros *wuis* piensan una estrategia para volver a derrotar a los humanos.

—Nuestro vigía nos informa de que hoy la cantidad de humanos es mayor que ayer. Además, han incrementado el número de máquinas; por lo tanto, habrá que emplearse a fondo —explica el rey Wui.

—Ayer ya nos empleamos a fondo y nos costó derrotarlos —responde el *sheriff* Hipopótamo.

—Y con los heridos, somos menos —añade *wui* Púrpura.

—Entiendo —suspira el rey Wui. Su rostro hace patente que no sabe qué hacer—. Vamos a centrarnos en atacar las máquinas y huir de los humanos. Nuestro único objetivo será destruir las máquinas; sin ellas no podrán deforestar la montaña.

—Podría valer —dice el *sheriff* Hipopótamo.

—¿Has visto a Manchitas y Amarili? Es extraño que no estén aquí —pregunta el rey Wui a *wui* Bofetón.

—Esta mañana las vi hablando en la puesta de sol.

—¿Miedo? —cuestiona el rey Wui.

—Sería fácil y comprensible. Las batallas no son agradables y ayer lo pasaron mal al ver a *wui* Hedwig herido. Mejor no les molestemos, esto es cosa nuestra —responde *wui* Bofetón—. ¿Cómo ves el día de hoy?

—Mal, viejo amigo, mal. Pase lo que pase, nos mantendremos unidos. Vuela conmigo, a mi lado. Si es la última batalla, atacaremos juntos.

Wui Bofetón asiente con la cabeza y ambos vuelan juntos. A ellos los siguen el resto de los *wuis*.

—¡Qué ha pasado! —exclama el rey Wui, que ve cómo la lucha ya ha empezado—. ¡Atacad! —ordena al instante.

El descenso se hace rápido y la lucha se tiñe feroz. *Wui* Pollito no cesa de hacer remolinos intentando alejar a los humanos de los terrestres; a cada ráfaga de aire salen dos o tres volando. *Wui* Bofetón extiende sus enormes alas y se pone a repartir hostias a todo humano que le sale al paso. Las enormes garras de *wui* Pío Pío son muy útiles para lanzarlos como si fueran pequeñas hormigas. *Wui* Patita dispara sus ráfagas de pinchos. Los *wuis* mantienen alejados a los humanos, pero los terrestres han iniciado el ataque sin la presencia de los *wuis* y eso ha sido un error. Pese al buen hacer de los *wuis*, a los terrestres no les queda otra que la retirada, obligando a los *wuis* a retroceder y tomar tierra.

—¿Por qué habéis atacado? —pregunta el rey Wui a *sheriff* Hipopótamo.

—No lo sé. Alguien habrá dado la orden en un fallo de comunicación. ¿Retrocedemos?

El rey Wui mira a su alrededor. Los terrestres huyen presas del pánico y a su lado solo quedan los *wuis* y el *sheriff*. Sin miedo, los humanos suben a las máquinas y avanzan sin compasión.

—Una batalla perdida es mejor no combatirla. No podemos hacer nada contra las máquinas; además, somos pocos.

—¿Nos retiramos? —pregunta *wui* Alda.

—Sí. Es hora de retirarse —responde un apenado rey Wui.

—¡Qué recórcholis es eso! —exclama *wui* Púrpura, la madre de Amarili.

Un ejército de pavos reales avanza por el lado de los *wuis* y van directos a los humanos. A la cola del grupo van Plumitas, Amarili y Manchitas.

—¿Hija? ¿Qué hacen? —El rey Wui no entiende nada.

—Nos dijiste que la mejor batalla que podíamos ganar es la del diálogo. Hay veces que no hace falta comunicarse mediante el habla para entenderse. Si dos quieren la paz, poco tienen que hablar; simplemente, no luchan. No creo que ellos quieran luchar contra nosotros, solo que son humanos de cabeza hueca. *Wui* Hedwig dice que los humanos tienen apego a ciertos seres vivos. En el lago nos dimos cuenta de que el pavo real es uno de ellos. Le pedimos ayuda a Plumitas y no lo han dudado. Si sale bien, se quedarán a vivir cerca de la montaña para protegernos.

El resto de los *wuis* escuchan sus palabras con asombro, pues han hallado una alternativa que no conduce al enfrentamiento y quizá funcione.

—Podría salir bien —afirma el rey Wui, que alza la vista en dirección a los pavos reales.

Los pavos reales se aproximan a las máquinas y estas se detienen. Por un momento todo queda en silencio. Los presentes se miran angustiados. La rigidez de sus caras denota la tensión del momento. Pasan los segundos y ningún humano hace mención de hacer nada al respecto. De nuevo, las máquinas avanzan y la esperanza de paz se desvanece.

—Entre la paz y la guerra solo hay un paso —susurra Amarili—. ¡Abrid las alas! ¡Les gusta! —grita.

Los pavos reales agitan sus enormes y preciosas alas.

—No funciona —dice el *sheriff* Hipopótamo, con un tono de tristeza.

Por un instante, el sol, que tan alegre había brillado, se esconde para convertir el día en oscuridad. Un mal presagio se acerca. De todos es sabido que los humanos están negativos en días nublados.

—¡Mirad! —exclama Manchitas.

Los humanos paran las máquinas y bajan. Van susurrando entre ellos y, poco a poco, se van reuniendo para formar un círculo.

—No puedo pasar por encima de los pavos reales. A mi hijo le encantan —confiesa un humano.

—El capataz dice que pasemos por encima —afirma otro.

—Me niego. Hay que informar al jefe. El capataz está fuera de control.

Varios humanos se acercan a acariciar a los pavos reales. Se hacen fotos con ellos y se dejan ir por su belleza. Varios minutos después llega el jefe de los humanos, baja del coche y se dirige al capataz.

—Buenos días —saluda el jefe a su llegada.

—¿Buenos días? De buenos días nada. Esos horribles monstruos nos han vuelto a atacar —dice el capataz, enfurecido porque sus trabajadores no le hacen caso—. Ponga orden y acabemos con ellos de una vez. Ordéneles avanzar y haremos un buen guisado de carne para comer.

El jefe niega con la cabeza.

—Veo muchos animales. Quizás nos hemos equivocado. Voy a pedir que la montaña se tenga en cuenta como espacio protegido, así evitaremos su deforestación. Retirad las máquinas de forma inmediata. Algo me dice que estamos asustando a esos animales —dice el jefe, que mira en dirección al rey Wui.

El rey Wui responde a su mirada aleteando en señal de agradecimiento.

—¡Mire! Le está retando. ¡Ataquemos! —Las palabras del capataz son calladas por una paloma blanca, pues una mierda de considerable tamaño impacta sobre su cara.

El jefe de los humanos le devuelve el saludo a rey Wui y se retira sonriente al ver la cara del capataz empapada de mierda.

9
LA MONTAÑA ES LIBRE

La retirada de los humanos es recibida por los seres vivos de la montaña de los Wuis con una fiesta por todo lo alto. El sol vuelve a brillar y la satisfacción se nota en el canto de los pájaros, en el baile de las abejas y en el florecer de las plantas.

—Gracias. Nos habéis dado una lección. Actuamos como los humanos y solo pensamos en defendernos a golpes. Al final, todo se puede solucionar hablando —dice el rey Wui.

—Siempre no —bromea *wui* Bofetón.

—¿*Wui* Bofetón? —El rey alza los hombros y le mira pidiendo explicaciones.

—A los abusones. Aunque sea un par de aletadas para que escarmienten.

Los presentes ríen. *Wui* Bofetón no soporta a los abusones.

—Gracias a vosotros —responde Manchitas—. Somos así por vuestras enseñanzas. Sois un ejemplo para nosotras y, desde siempre, habéis sido una referencia.

—A todo esto, Manchitas y yo tenemos que preguntaros una cosa —interrumpe Amarili.

—Nadie aprende hablando. Se aprende preguntando y escuchando. Preguntad sin miedo. ¿Qué cuestión os preocupa? —responde el rey Wui.

—Nos gustaría pediros una gema mágica. Queremos crear otro mundo *wui*.

—Para eso tenéis que ser *wuis*. —El rey Wui balancea la cabeza en señal de duda y mira al resto de los *wuis*; uno a uno, le van diciendo que sí con la cabeza—. Aún sois jóvenes para ser *wuis*, pero debido a vuestra hazaña... —Hace una leve pausa—. Hemos decidido de manera unánime que ya sois oficialmente *wuis*. Y sí, os daremos una gema mágica para que podáis crear un nuevo mundo.

Estas palabras provocan la alegría inmediata de Amarili y Manchitas.

—¡Lo hemos conseguido! —grita Amarili, que va en busca de Manchitas para abrazarla.

—Lo que ha sucedido aquí significa que los humanos, si quieren, pueden ser buenos. Eso nos da esperanzas para el futuro. Si ellos cambian, podemos tener un mundo mejor —dice *wui* Bofetón mientras ambas se abrazan.

—Cierto, buen amigo —responde el rey Wui.

10
NUEVA AVENTURA

Al día siguiente, después del canto del gallo y de ver el amanecer, nuestras amigas se disponen a partir.

—Chicas, ha llegado el momento. Tomad la gema.

—¡Brilla mucho! —exclama Manchitas.

La gema es de color lavanda, redonda y no muy grande. Amarili la coge con cuidado, la rodea con una hoja y la guarda en la mochila.

—Busca una montaña de difícil acceso para los humanos y planta el árbol. Introduce la gema en el suelo, riégala durante tres días y al tercero nacerá. Lo que tardes en parpadear será el tiempo que tarde en crecer el árbol.

—¿Tan rápido?

—Sí. Recuerda que al plantarla te convertirás en la reina de ese mundo. —Amarili asiente feliz—. *Wui* Alda es una buena maestra, así que irá con vosotras.

Manchitas y Amarili se despiden de sus padres y, junto con *wui* Alda, parten en busca de nuevas aventuras.

ÍNDICE